AF252676

BALTIQUE.

KRONSTADT.

PAR

M. LE BARON SIBUET,

Membre du conseil général des Ardennes,
auteur d'un voyage dans la presqu'île Scandinave et au Cap Nord.

Extrait du PAYS, journal de l'Empire.——Numéro du 29 mai 1854.

PARIS

SCHILLER AÎNÉ, IMPRIMEUR-LIBRAIRE,
11, rue du Faubourg-Montmartre.

1854

Les eaux du Ladoga, le plus étendu de tous les lacs de l'Europe, s'écoulent dans la Baltique par la Néva ; pour donner une idée de ce lac, nous ne le comparerons pas à ceux de Constance ou de Genève, nous dirons simplement qu'il est aussi grand que toute la Suisse. Sa longueur est de deux cents verstes, sa largeur de cent vingt. Rappelons à nos lecteurs que la verste répond au kilomètre.

La Néva, fleuve majestueux dont la largeur varie de deux à quatre cents mètres, décrit vers le sud une courbe d'environ soixante verstes de Schlusselbourg (1), où il sort du lac Ladoga, à la ville de Pétersbourg, qu'il traverse au milieu de superbes quais de granit ; là, il se divise en deux bras principaux, la Néva et la Nefka, qui se subdivisent

----

(1) Schlusselbourg, fort de la Clef. « Avec cette clef, disait Pierre le Grand, j'entrerai chez mes ennemis. »

en grande et petite Néva, grande et petite Nefka. Après avoir formé des îles sur lesquelles sont établis divers quartiers de Pétersbourg, les eaux de la Néva vont se perdre, à travers des îlots et des écueils sans nombre, dans la baie de Kronstadt, partie la plus resserrée et extrémité orientale du golfe de Finlande.

Au commencement du siècle dernier, les côtes de cette baie étaient à peine habitées et n'offraient aucun asile aux navires surpris par les tempêtes, fréquentes dans ces parages. La Néva, à peu près inconnue, montrait en vain à l'industrie du monde une route qui pouvait relier l'Europe à l'Asie, la Baltique à la mer Caspienne.

Une révolution soudaine changea l'aspect de ces lieux; Pierre Alexeïewitch avait résolu d'établir le siége de son empire sur l'extrême frontière de ses Etats, à l'embouchure de la Néva; dans cette pensée il créait Pétersbourg, et cherchait les moyens de fortifier cette ville contre les entreprises de ses redoutables voisins.

La position que Pierre le Grand avait choisie pour sa nouvelle capitale offrait en effet des dangers réels en raison de sa proximité de la Suède; mais elle offrait en revanche d'immenses avantages et répondait entièrement aux vues de ce puissant génie. Pétersbourg ouvrait un débouché aux produits de l'empire et permettait aux Russes de se mettre en contact avec les richesses du commerce et les lumières de la civilisation.

Cette ville devait communiquer par la Néva
à la mer Baltique, aux lacs Ladoga et Oné-
ga, par le Volkhof au lac Ilmem, de là au
Msta, au Volga et à la mer Caspienne.

Le tsar recherchait les moyens de placer la ville à laquelle il avait donné son
nom à l'abri de toute attaque en la forti-
fiant par des ouvrages avancés: dans ce but
il parcourait les environs, étudiait le cours
de la Néva et l'extrémité du golfe de Finlande. Il reconnut ainsi, à vingt-cinq verstes
de l'embouchure de la Neva, à trente et une
et demie de Pétersbourg, une île de huit
verstes de long sur deux au plus de large,
qui semblait offrir une station favorable
à ses vaisseaux et une position qui, for-
tifiée avec soin, serait pour ainsi dire inex-
pugnable. Cette île, appelée en langue finoise
Retu-Sari, île des Rats, était peu élevée au-
dessus de la mer, et présentait un sol argileux
recouvert de sables et de rochers ; elle était
habitée par quelques familles de pauvres pêcheurs et appartenait à la Suède.

Pierre le Grand résolut tout d'abord de
s'emparer de l'île de Retu-Sari pour y établir la principale station de sa flotte de la
Baltique et un système de défense qui pût
mettre Pétersbourg à l'abri d'un coup
de main. Alexandre Mentchikof, premier du
nom, devenu de simple pâtissier l'ami et le
favori du tsar, reçut l'ordre de déloger les
Suédois. L'attaque des Russes fut dirigée
avec des forces tellement supérieures, que les
soldats suédois surpris à l'improviste s'em-

barquèrent, dit-on, en toute hâte, abandon-
nant au milieu de leur campement la marmite
sur le feu et la soupe trempée. En souvenir
de ce fait et pour rappeler la conquête de
Retu-Sari, cette île reçut des Russes le nom
de Kotline, île de la Marmite, nom qu'elle a
conservé.

Maître de cette île, le tsar ne songea plus
qu'à exécuter les vastes projets qu'il avait
conçus; il se mit à l'œuvre avec cette opiniâ-
treté sans égale et cette prodigieuse activité
qui caractérisaient son génie. A l'extrémité
sud-est de l'île de Kotline devait apparaître
tout à coup et comme par enchantement une
ville avec ports, arsenaux et fortifications :
cette ville était Kronstadt, ville de la cou-
ronne, Kronstadt, qui devait donner son nom
à la baie. En face, commandant l'entrée du
port de Kronstadt et le chenal qui conduit à
la Néva, sur un banc de sable aride, entre
l'île de Kotline et la côte de l'Ingrie, allait
s'élever Kronschlott, château de la cou-
ronne. Pierre le Grand ne voulut confier à
personne le soin de tracer le plan des fortifications de Kronstadt et de Kronschlott,
mais il donna la direction des travaux au
prince Alexandre Mentchikof, lui ordon-
nant de les conduire avec la plus grande
promptitude.

Malgré les rigueurs de l'hiver, Kronstadt
fut fondé, Kronschlott construit, et l'on vit
en quelques mois tout un système de fortifications qui commandaient l'embouchure
de la Néva sortir pour ainsi dire des flots de

cette mer qui n'avait porté jusqu'alors que les barques des pêcheurs d'Ivangorod et de Retu-Sari, et qu'allaient sillonner de nombreux navires de guerre et de commerce.

On ne saurait se faire une idée des difficultés qu'il fallut surmonter pendant le cours de la construction de la ville de Kronstadt et des forts qui l'environnent. Tous les matériaux furent transportés à travers les neiges sur les glaces, et l'on dut enfoncer dans le sol des graviers, des blocs de rocher et des arbres énormes. Au dire des historiens du temps, huit mille hommes et un nombre plus considérable de chevaux périrent pendant les travaux des fondations de la seule tour de Kronschlott. Mais que pouvait être la vie de quelques milliers d'hommes devant la pensée de fonder un empire qui, à un siècle de là, devait comprendre la septième partie des terres connues et dont une seule province, la Sibérie, est plus vaste que l'Europe!

Le fort de Kronschlott, tel qu'il fut bâti, l'année même de la conquête, en 1703, par Pierre le Grand, ne consistait qu'en une tour ronde, élevée de trois étages, défendue par 70 canons et pouvant contenir environ 1,000 soldats. Cette tour, entièrement construite en bois, a été remplacée depuis par un polygone en pierre, armé de batteries nombreuses, les unes au niveau de la mer, les autres placées à différentes hauteurs et sur diverses faces, de manière à commander la passe et à en rendre l'approche difficile aux vaisseaux, de quelque côté qu'ils se présentent. Au centre de Kronschlott se trouvent le magasin à poudre et les forges pour les boulets.

Kronstadt, situé par le 59° 59' 26" de latitude nord et le 27° 29' 15" de longitude est, occupe l'extrémité sud-est de Kotline, l'une des parties les plus larges de l'île. Cette ville, fondée quelques années après Kronschlott, vers 1710, prit un développement rapide et considérable, surtout depuis 1714, époque à laquelle la résidence impériale fut transférée de Moscou à Pétersbourg. Lors du traité signé entre la Suède et la Russie, le 10 septembre 1721, à Nystad, en Finlande, traité qui, en accordant au tsar une partie de la Karélie, Wiborg, l'Ingrie, l'Esthonie, la Livonie et autres provinces, reculait définitivement les frontières de la Russie et dégageait Pétersbourg du voisinage des Suédois, Kronstadt avait déjà une grande importance, non seulement par ses fortifications, mais encore par son étendue et le nombre de ses maisons.

Il devint de plus en plus florissant et reçut de nouveaux embellissements sous les règnes d'Elisabeth Petrowna, de Catherine II, de Paul Ier et de l'empereur Alexandre. Kronstadt présente la forme d'un polygone irrégulier, il est entouré d'une enceinte continue avec bastions et ravelins; à l'occident un canal l'isole entièrement du reste de l'île et forme sa première ligne de défense.

Cette ville, construite avec un certain

luxe, renferme plus de mille maisons, la plupart en bois et à un seul étage. Deux cents à peine sont bâties en pierres, et sur ce nombre cent trente appartiennent au gouvernement. On rencontre à Kronstadt plusieurs édifices de belle apparence : l'ancien palais italien du prince Mentchikof, surmonté d'une tour qui porte le télégraphe, de vastes casernes casematées où les troupes sont à l'abri des bombes, des arsenaux maritimes, d'immenses magasins, des fonderies, l'amirauté, les bâtiments de la douane, un hôpital civil, un autre pour la marine, possédant 2,500 lits, un observatoire, la Bourse, placée sur le port du commerce, trois églises et deux chapelles pour le culte grec orthodoxe, enfin divers temples consacrés aux cultes luthérien, anglican et catholique.

La plus remarquable des églises est celle de Saint-André, située au centre de la ville; sa construction, quoique moderne, est dans le goût byzantin; elle ne manque pas d'une certaine élégance, et se trouve couronnée par une belle coupole. Les églises de la Transfiguration et de la Trinité ne présentent d'autre intérêt, si c'en est un, que de remonter aux temps de Pierre le Grand; l'intérieur est surchargé d'images.

Kronstadt se divise en deux quartiers : le quartier du Commandant et celui de l'Amirauté; ces deux quartiers forment quatre arrondissements.

Les rues droites, larges et régulières,

comme celles de toutes les villes de la Russie, sont pavées pour la plupart, quelques-unes ont des espèces de trottoirs; la rue Catherine est la plus apparente. Le sol sur lequel la ville a été construite, généralement marécageux et peu élevé au-dessus du niveau de la mer, a dû être exhaussé au moyen de remblais considérables pour être à l'abri des débordements de la Néva. Poussées par les vents d'est, les eaux de ce fleuve coulent avec une rapidité effrayante à travers la baie de Kronstadt et s'abaissent subitement d'un mètre et plus au-dessous de leur hauteur moyenne; les vents d'ouest produisent un effet contraire. Les flots de la mer remontent alors avec violence vers l'embouchure de la Néva, dont le niveau ordinaire s'élève en quelques heures de plusieurs mètres. Souvent ainsi Kronstadt et Pétersbourg sont inondés selon les vents qui règnent. Pour garantir la capitale de ces inondations fréquentes et pour ainsi dire périodiques, Catherine II fit enfermer la Néva dans des quais de granit qui étonnent par leur élévation et la solidité de leur construction.

La population de Kronstadt varie suivant la saison; durant l'été on compte au delà de 30,000 âmes, y compris les troupes de terre et de mer et les étrangers, parmi lesquels les Anglais sont les plus nombreux ; mais la véritable population, la population fixe de Kronstadt, n'est en réalité que de 6 à 7,000 habitants.

L'une des choses les plus intéressantes de

Kronstadt est le grand canal destiné à recevoir les vaisseaux en réparation. Ce canal, commencé par Pierre le Grand en 1719, achevé sous le règne d'Elisabeth en 1752, est au niveau de la mer, qui l'alimente. Malgré sa profondeur et sa largeur, qui sont considérables, on le met aisément à sec au moyen de pompes à feu, pour faciliter les travaux à faire aux navires. Le canal de Pierre le Grand est pavé en granit ; il sépare le port marchand du port central, et se termine au nord en formant une étoile, dont le centre circulaire permet aux plus gros bâtiments d'y tourner commodément. Les talus sont garnis en pierres de taille.

Un autre canal, celui de Catherine, communique avec le port marchand; il est bordé des deux côtés par des magasins destinés à recevoir les marchandises.

Kronstadt possède trois ports : le premier, qui se présente en arrivant de la haute mer, est le port marchand, dont l'entrée est placée sur la gauche, vis-à-vis de la forteresse de Kronschlott. Dans ce port viennent jeter l'ancre les nombreux navires de commerce en destination de Pétersbourg ; ils doivent nécessairement s'arrêter à Kronstadt pour transborder leurs cargaisons sur des bâtiments d'une construction assez légère pour franchir le chenal et naviguer sur la Néva.

Ce port est défendu, au nord-ouest, par un bastion, armé de 300 canons, qui forme une promenade agréable, d'où la vue s'étend sur la mer et domine les ports et la rade.

Le port central, le plus vaste des trois, occupe, avec le port marchand, toute la façade que présente Kronstadt sur la mer. Près de ce port ont été creusés, par les ordres de l'empereur Nicolas, de magnifiques docks destinés au radoub des vaisseaux.

Le port militaire, situé en tête du port central, avance dans la mer en forme de parallélogramme, à l'est de la ville, avec laquelle il communique par un môle long de huit cents mètres ; il semble fermer le chenal qu'il commande. Les vaisseaux de guerre hivernent dans le port central et y stationnent durant la saison des basses eaux parce qu'ils y trouvent une profondeur plus considérable que dans le port militaire. Pendant six mois, les vaisseaux restent chaque année pris dans les glaces, et l'on vient alors de Pétersbourg en traîneau, par la Néva, visiter la flotte. Les premiers bâtiments prennent la mer en mai ; les derniers rentrent au port à la fin de novembre.

Les ports sont fermés par l'enceinte continue qui entoure la ville, et comme elle défendus par des remparts et des bastions armés de canons. Presque toutes les fortifications de Kronstadt et de Kronschlott avaient été primitivement construites en bois ; depuis elles ont été rétablies pour la plupart en pierres.

La pierre le plus généralement employée est le granit de Finlande, dont on connaît la dureté. Chaque assise de ces constructions est composée de blocs de fortes dimensions, équarris avec soin et reliés ensemble par des cubes également en granit, scellés moitié dans l'assise supérieure, moitié dans l'assise inférieure. Ce système d'attache augmente la solidité de ces épaisses murailles, et l'on prétend, en Russie, que des boulets lancés à petites portées laissent à peine trace sur ces formidables fortifications.

Lorsque l'empereur Nicolas était grand-duc héréditaire, il avait sous sa direction le génie militaire de tout l'empire. Il fit alors exécuter des travaux considérables à Kronstadt, pour augmenter et réparer les fortifications de la ville et les forts, qui aujourd'hui semblent neufs et sont réellement en très bon état.

Les batteries construites avant l'application de la vapeur à la marine présentent des embrasures étroites et disposées de telle sorte qu'il est difficile de mouvoir les canons pour les pointer et en varier le tir. Les bâtiments à vapeur étant d'ailleurs moins élevés de bord que les bâtiments à voiles, les projectiles lancés par les batteries rasantes devront nécessairement passer au-dessus du corps des vaisseaux.

Il faut ajouter que le plus grand nombre des canons sont en bronze, et que s'ils ont l'avantage d'éclater moins souvent que ceux de fer, ils produisent un ébranlement plus considérable qui gêne la manœuvre et étourdit les artilleurs dans les espaces resserrés où ils doivent agir. Toutes ces fortifications ont été rétablies par le général

Destrem, l'un des jeunes élèves de l'Ecole polytechnique (1) donnés à l'empereur Alexandre par Napoléon Ier.

L'empereur Nicolas a également fait améliorer le chenal, sonder et étudier la rade, placer de toutes parts des balises et des bouées, établir des phares et des signaux de toutes sortes pour faciliter la navigation dans ces parages semés d'écueils et de bancs de sable d'autant plus dangereux qu'ils sont à fleur d'eau.

Kronstadt serait l'un des premiers ports du monde si le peu de salure de la mer ne nuisait à la conservation des bois des navires, qui exigent tous les vingt ans de fortes réparations. Les mers du Nord sont généralement peu salées ; la Baltique l'est moins que les autres, à cause de son isolement et de la grande quantité d'eaux fluviales qu'elle reçoit sans cesse. Dans la baie de Cronstadt, les eaux n'ont qu'un léger goût saumâtre qui permet de les employer à la préparation des aliments.

Les fortifications de Kronstadt et de Kronschlott, un nombre considérable de redoutes et de forts, échelonnés sur les côtes de l'île de Kotline et sur la mer, forment, avec trois mille bouches à feu, l'ensemble du système de défense qui commande l'em-

---

(1) Ces Français étaient Bazaine, Béthancourt, Destrem et Pothier. Tous quatre sont devenus généraux. Un seul est aujourd'hui vivant, le général Destrem.

bouchure de la Néva. Les navires qui veulent entrer dans les ports de Kronstadt ou avancer vers Pétersbourg doivent nécessairement essuyer le feu de tous ces forts, franchir ensuite, entre Kronstadt et Kronschlott, le chenal sinueux, large seulement de 400 mètres et n'offrant environ que huit mètres d'eau. Le passage, au nord, entre l'île de Kotline et le golfe de Finlande, comme celui du midi, entre Kronschlott et Oranienbaum, est impraticable en raison des bas-fonds et des écueils que l'on y rencontre.

Cependant, une flottille de chaloupes canonnières pourrait facilement s'engager entre l'île de Kotline et la côte de Finlande, et attaquer avec avantage la ville de Kronstadt, qui, de ce côté, n'est défendue que par des ouvrages peu considérables. Les flottes devraient, en même temps, canonner les forts avancés avec des pièces de gros calibre, qui permettraient de rester hors de la portée des batteries russes.

Un seul vaisseau peut se hasarder à la fois entre Kronstadt et Kronschlott; s'il est coulé bas, le chenal obstrué par ses débris est fermé à ceux qui le suivent; s'il échappe, s'il avance au delà, il trouve devant lui, battant le chenal d'enfilade, les vaisseaux russes embossés dans le port militaire de Kronstadt.

Les flottes anglo-françaises ont fait voile vers Kronstadt..., peut-être déjà le canon a-t-il grondé... Chacun se demande : Kronstadt sera-t-il pris? Kronstadt est - il imprenable?Les faits, dans un avenir prochain, répondront d'eux-mêmes. Du reste, toutes les descriptions de Kronstadt, tous les documents recueillis près des personnes qui ont visité ce port militaire, prouvent assez quels obstacles rencontreront les marins unis de la France et de l'Angleterre. Ces obstacles ne seront pas, il faut l'espérer, au-dessus de leur audace et de leur courage!

Au moment de la débâcle de la Néva, lors de la fonte des neiges et des glaces, la mer grossit périodiquement dans ces parages; dans la baie de Kronstadt elle monte parfois de plusieurs mètres. Sans compter sur des inondations semblables à celles de 1824, n'est-il pas permis d'espérer que si les vents d'ouest venaient à régner avec quelque violence pendant les fortes eaux, nos flottes, poussées par les courants rapides qui existent alors, pourraient apparaître tout à coup devant Kronstadt après avoir échappé aux batteries en partie submergées des forts. Alors en vingt-quatre heures Kronstadt serait foudroyé; en vingt-quatre heures alors on verrait tomber le rempart qui couvre la ville de Pierre le Grand.

Paris . —Imp. Schiller, r. du Fg-Montmartre, 11.